Sommaire

Bienvenue !

Ce cahier appartient à

....

Bandes Dessinées

13

Sudokus

Puzzle 1

7	1	6	9	8		2	3	5
5	9	4	3	7	2	6		8
2		8	5	6		4	7	9
8	4	9	6	5	7	3		1
	5	2		1	3	9	4	7
1	7	3	4	2	9	5	8	
3	2	1	7		9	8	5	4
	6	5		3	8	7	9	2
9		7	2	4	5	1	6	3

Puzzle 2

4	5	7		1		2	8	6
8	3		6	7	2		1	4
6	2	1	4	8	5		3	9
3	4	5	7	6	9	1	2	8
1	8	6	2	3	4		7	5
	9	2	8	5	1	6	4	3
9	7	4		2	8	3	6	1
2	1	8	3	9	6	4	5	
5	6	3	1	4	7		9	2

Puzzle 3

	5	7	4	2	1	8	3	9
2	8	3	9	5	6	7	4	1
	1	4	8	7	3	2		
4	7	5	2	9	8	1	6	3
3	2	9		6	5	4	8	7
1	6	8	7	3	4	9	2	
	9		3	8	2	5	1	4
8	3		5	4	7		9	2
5	4	2		1	9	3		8

Puzzle 4

	5	7	9	2	8	1		3
1	8	9	4	3	6	2	5	7
2	6	3	7	5	1	4		8
6	9	8	2	1	7	3	4	5
5	2	4		8	9	7	1	6
3	7	1	6		5		2	9
7	4	5	8	9	2	6	3	1
9	3	6	1	7	4	5	8	2
8		2	5	6			7	4

Puzzle 5

4	1	2	9	6	5		3	8
6	3	9	8	7	4	1	5	2
7	8	5	2	1	3	9	6	4
2	5	1	6	3	9	4	8	7
8		7	5		1	6	2	3
3		4	7	2	8			9
5	7	8		9		2	4	1
9		3	1	5	2	8	7	6
1	2	6		8	7	3	9	5

Puzzle 6

	9		5	3	1	7	8	6
6		8	4	7	2	9	3	1
7	1	3	6	8	9	4	2	5
4	2	5	9	6		8	1	3
8	6		1	4	3	5	9	2
	3	1	8	2	5	6	7	4
1	7	6	3	5	8	2	4	9
	8	9	2		4	3	6	7
	4	2		9	6	1	5	8

Puzzle 7

	5	1	6	8		7	9	2
3	6	7	9	1	2	5		4
9	8	2	4	7	5	1		3
	9	4	8	3	7	6	2	1
6	2	8	1		9	3	4	7
1	7	3	2	4	6	9	5	8
8	4	5	3	6	1	2	7	
7	3		5	2		8	1	6
2	1		7	9	8		3	5

Puzzle 8

7	1	3	4	6	9	2	5	8
6	8		7	5	1	4	3	9
4			8	3	2	6	7	1
3	2	8	5	4	7	1	9	6
9	4	7	1	8	6	3	2	5
1	6	5	9	2	3	8	4	7
8	3	1	2	7	5	9	6	4
		4	6	9		5	1	
5	9		3	1	4		8	2

Puzzle 9

2	1		3	8	6	5	7	
9	7	5	4	1	2	3	6	8
3	6	8	5	7	9	2	4	
4	9	2		5	8	7	3	6
	8	3	2	9	7	1	5	4
7	5			3	4	9	8	2
	2	7	8	6	3	4		
5	3		9	4	1	8	2	
8	4	9	7	2	5	6	1	3

Puzzle 10

	2	6	1	5	9	7	3	4
3		7	4		8	1	9	6
	9		6	3	7	5	8	
1	3	8	7	4	6		5	9
6	4		3	9	2	8	1	
9		2	5	8	1	6	4	3
2	8	4	9	6	5	3	7	1
5	1	3	2	7	4	9	6	8
7	6	9	8	1	3	4	2	5

Puzzle 11

4	7		3	5		1	2	
5	2	1	4	9	6	7	8	3
6	8	3	2	7	1	9	5	
8	4		9		5	6	7	1
3	9	6	7	1	2	8	4	5
1	5	7		6	4	2	3	
2		5	1		9	4	6	7
9		4	5	2	7	3	1	8
7	1	8	6	4	3	5		2

Puzzle 12

8	6	2	4	3	7	9	1	5
3	7	1	8	5		2	6	
5			6	2	1	7	3	8
9	4	5	1	8	3	6	7	2
	3	6	5	7	4	1	8	9
			9		2	5	4	3
6	2	8	7	4	5	3	9	1
7	5	9	3	1		4	2	6
4	1	3	2		6	8	5	7

Puzzle 13

	6		7	3	4	2	9	
1	7		6	8		5		4
2	4	3	5	9	1	6	7	8
4	9		8	2		3	1	5
5	1	7	9	6	3	4	8	
3	8	2	1	4	5	9	6	7
7	2			1	9	8	5	6
6	3	1	2	5	8	7	4	9
9	5	8	4	7	6	1	2	3

Puzzle 14

	5	6	3	9	8	4	2	7
2	8		1	7	5	6	3	9
9	3	7	6	4	2	1	5	8
3	2	9	8	1	6		7	4
7	4	1	9	5	3	2	8	6
5	6	8	4	2	7	9	1	
6	7			8	4		9	1
		3	2	6	1	7	4	5
4	1	5	7	3	9	8	6	2

Puzzle 15

	5	6	2	9	8	3	4	7
2	9	7	3	5	4	6	8	1
4	8	3	6	7	1	9	5	2
5	7	9	4			1	2	
6		8	7		5	4		9
3	1	4	8	2		5	7	6
9	4	5	1	8	2	7	6	3
	3	1	5	6	7	2	9	4
7	6	2	9	4	3		1	5

Puzzle 16

3	7	4	1		2	9	5	8
5		1	7	8	9	3	4	6
6	8		3		5		1	2
7		8	9	3	6	1		4
9	4	3	2	5	1	8	6	7
2		6	8	7		5	9	3
8	9	5	6	2	7	4	3	1
1	3	2	4		8	6	7	5
4	6	7	5	1	3	2		9

Puzzle 17

9	2		6		5	4	7	1
7	6	5	1	3	4	8	2	9
1	4	8	9	7	2	6	3	5
2	3	4	8	9	7		1	6
8	9	6	5	1	3	2		7
5	1	7	4	2	6	9	8	3
	5	2			1		9	
	8	1	3	4	9	7	5	2
		9	2	5	8	1	6	4

Puzzle 18

7	5	9		3		4	1	6
8	3	6	1	4		2		9
2	1	4	9	5	6	7		3
9	4	8	6		1	5	3	7
3	7	5	8	9	4	1	6	
6	2	1	5	7	3	9	4	8
4	6	7	3	2	5	8	9	1
1	8	2	4		9		7	
5	9	3	7	8	1	6		

Puzzle 19

1	8	2	4		9	5	7	3
3	9	4	5	7	1	2	6	8
5		6			2		4	1
8	1	9	6	4		3	5	2
4	3	5	9	2		7	1	6
6	2	7	1	5	3	8	9	4
2	6	3		1	9	4		5
9	5	1	3	8	4	6	2	7
7	4	8	2		5		3	

Puzzle 20

4	6	5		3	8		7	9
9	8	3	6	7	2	4	5	1
	1	7		9	4	8		6
3	5	1		6	7	9	8	2
6	2	4	9	8	3	5	1	7
7	9	8	2	1	5	6	4	3
	4	6	3	2		7	9	8
1	7	9		4	6	3	2	5
8	3	2	7		9	1	6	4

Mots-Mêlés

S R C X A A A H K M B Q G Y U
L C A N T I N E I N U G O P R
Y H R U E A M E Q N Y T C V H
R A N E M B P I A N O F C L Y
L N E J P H O T O K B O X R F
J S T R Ê J M U S I Q U E F O
M O K Y T O P I X P K L Q T J
F N I H E A I A M U S A N T Z
J X K Y A O E T Y A V R S K H
D R W X L C R B K M D D F I Y
M L U G C U O M W H A P F A N
W W C I P G Q S R D S J Q A I
H O Y B D A Q Y F E C B W K N
N N U B X B H D H S E M A G X
X N N F L N P Z V T K Y X N O

AMUSANT   CANTINE   CARNET

CHANSON   FOULARD   MUSIQUE

PHOTO   PIANO   POMPIER

TEMPÊTE

```
G  Y  Q  G  E  Q  Y  L  H  H  B  H  M  S  M
N  F  X  L  A  M  X  U  M  S  J  G  S  B  A
T  K  V  R  W  K  A  H  T  I  W  K  Y  J  Î
N  D  H  H  H  U  W  E  B  E  D  P  H  F  T
K  D  M  D  H  S  F  O  E  S  S  U  Y  E  R
R  W  N  B  M  T  P  S  A  T  T  V  F  U  E
P  M  R  S  Q  Y  H  M  U  E  L  X  H  R  S
S  P  W  K  L  P  U  K  C  I  N  É  M  A  S
O  X  U  B  O  E  U  B  O  V  X  M  U  L  E
G  N  L  E  O  K  G  H  U  P  C  S  N  Z  F
B  B  C  Q  I  F  S  D  P  Y  J  A  M  A  E
N  Q  E  X  S  I  P  W  Â  A  U  L  P  D  M
E  G  X  Q  T  X  S  G  T  E  D  O  F  V  L
D  J  C  Y  H  T  A  I  E  P  O  N  G  L  R
T  B  X  M  S  G  R  N  S  Z  M  K  Z  L  Z
```

BEAUCOUP	CINÉMA	ESSUYER
FEU	JUDO	MAÎTRESSE
PÂTES	PYJAMA	SALON
SIESTE		

U	D	Z	D	W	N	U	F	C	K	H	D	J	K	N
J	N	Q	V	U	Q	P	V	C	H	A	I	S	E	X
V	C	B	X	P	J	E	O	O	F	N	S	F	I	W
P	B	P	U	D	M	D	S	Y	Y	C	C	A	M	P
M	W	C	O	B	P	A	B	U	I	H	U	O	U	C
S	Y	R	A	O	R	P	J	Z	U	E	T	N	T	E
F	C	K	E	V	Y	I	E	A	R	G	E	N	T	F
Y	M	M	W	M	Z	O	D	R	M	D	R	X	I	M
F	V	X	G	C	M	A	F	M	E	X	L	W	R	B
H	G	K	J	P	F	L	V	O	Y	A	G	E	E	D
H	A	I	U	E	I	R	W	I	Z	J	Z	T	R	B
P	M	B	G	L	S	Y	P	R	Z	L	H	E	O	O
T	H	Y	S	P	X	F	L	E	U	R	S	X	S	W
D	M	P	S	A	E	W	Q	R	C	T	K	B	Z	C
E	L	S	Q	O	U	S	V	A	T	V	Y	G	F	V

ARGENT   ARMOIRE   CAMP

CHAISE   DISCUTER   FAON

FLEURS   HANCHE   TIRER

VOYAGE

Puzzle #4

I	B	T	W	K	B	D	V	T	P	J	J	K	J	O
M	V	B	N	R	D	Q	N	O	N	X	D	F	X	O
U	D	F	X	O	M	H	Z	V	X	P	R	R	O	W
Y	B	E	B	U	R	U	B	K	M	R	G	Y	S	Y
C	C	N	M	T	Z	E	I	A	P	C	K	U	J	N
D	Q	W	K	X	Z	O	H	G	H	O	C	G	I	M
S	Y	B	A	H	R	S	M	M	O	T	U	N	R	S
A	Z	E	Y	B	J	N	S	I	Q	F	C	M	Y	Y
A	E	U	V	A	H	P	S	A	I	O	S	V	X	U
H	F	V	I	D	É	O	D	C	O	E	U	R	B	K
E	V	T	A	H	J	M	A	G	A	S	I	N	G	P
C	Q	T	M	H	U	M	I	D	E	A	V	U	O	B
J	Z	R	O	U	L	E	R	L	Z	P	A	L	I	X
R	B	O	U	T	O	N	U	F	R	I	N	P	Y	K
E	S	K	R	V	G	X	K	R	X	N	T	D	A	C

AMOUR	BOUTON	COEUR
HUMIDE	MAGASIN	POMME
ROULER	SAPIN	SUIVANT
VIDÉO		

Puzzle #5

P	C	L	Y	G	L	D	O	J	K	P	F	U	Q	R
B	G	A	T	A	E	Y	V	P	N	J	C	W	R	O
M	O	L	C	G	Q	H	I	K	L	T	H	H	V	R
Y	M	K	K	M	G	M	L	G	Q	G	A	P	D	X
P	A	V	J	B	B	O	Q	É	C	O	U	T	E	R
I	Q	Q	M	R	V	M	F	O	O	R	S	E	N	O
R	F	C	T	S	U	X	T	T	U	I	S	N	T	U
Q	D	Y	Z	B	B	L	F	U	R	L	U	D	O	T
R	F	G	W	L	M	R	R	Z	S	L	R	R	N	E
H	Y	Y	F	A	M	I	L	L	E	E	E	E	A	Q
E	B	U	I	R	I	F	E	B	L	Q	W	C	K	T
D	Q	K	L	B	U	R	B	V	U	I	C	M	Z	F
C	K	C	M	R	R	H	H	O	Z	N	X	U	Q	H
X	E	T	J	E	Q	I	H	S	J	E	C	E	E	Q
B	F	Q	T	Q	C	K	I	Y	F	Q	W	H	A	I

ARBRE   CHAUSSURE   COURSE

DENT   ÉCOUTER   FAMILLE

FILM   GORILLE   ROUTE

TENDRE

```
Z C O U Q C Q I U X K S R A F
H B O F F U Y Y K K P R U N E
W B J B O L Z V P M A I S O N
Q I S U R I G O L E R H W R C
O P P C M S L U A Z T E R R E
K L A V E R F L I V I S E R J
Y S Q U D M X O S N R Q V D J
U X E Y O Z N I I W Z U C K D
R D Z Q I B U R R W I F D Y W
O Y H K A F V A R P F A R D F
P J X G X O H H M K U E U R M
M Y X K M S T F Q H G C K S Q
V I G T H G S S T Y P X F E S
Z R X R B W P E J D V M B Y I
R D B E N A B F H Y S E T G M
```

FORME   LAVER   MAISON
PARTIR   PLAISIR   PRUNE
RIGOLER   TERRE   VISER
VOULOIR

J I W M Z F X V C V V O U W Q
I W U E Z E E Q F D Y F J V G
J N V F Y S B R J E U V O H Z
R J C T I C V L S O S D U O I
A S P X S A W M B B C I H U X
G K Q U L C V Q H W X T P E X
A R A A X T K X L U J V I N X
U E W T Y U H W L Q Y T O B Y
R D U P O S I T I F N Q D C W
W G C O U C H E R A A M O B H
S I H U R U W M N R I T J C Z
Q R É P A U L E M I T I V P U
C A F É L F R K X N R L J E J
R F T E R R A I N E M N C B A
D E S S I N H E V H R J M M J

CACTUS   CAFÉ   COUCHER
DESSIN   ÉPAULE   FARINE
GIRAFE   POSITIF   POUPÉE
TERRAIN

S	Y	V	D	P	I	R	L	Z	C	J	P	E	R	Z
C	J	G	T	J	A	C	Z	Q	L	T	M	P	H	L
R	L	L	O	E	S	S	Q	H	A	I	F	S	W	Q
N	L	W	P	T	G	E	J	C	P	L	Y	O	B	Q
O	G	H	Z	S	K	M	N	C	I	N	M	V	S	Y
C	R	N	D	D	R	A	G	O	N	X	R	K	Z	U
S	O	L	E	I	L	I	J	B	V	G	U	Y	A	B
U	L	S	B	I	C	N	M	I	J	T	Z	N	R	E
R	D	P	O	R	T	E	R	E	R	Y	V	F	Z	O
F	C	O	U	S	I	N	E	W	A	A	V	H	J	R
E	G	Â	T	E	A	U	B	M	E	U	G	T	Q	T
R	O	B	E	R	S	Y	R	L	L	V	V	R	S	E
P	X	W	E	G	V	I	E	L	O	F	H	H	Q	X
W	W	E	H	X	B	R	Y	A	Y	Q	N	A	K	D
U	S	V	N	N	E	R	V	S	Y	J	B	D	L	R

COUSINE DEBOUT DRAGON

GÂTEAU LAPIN PORTER

ROBE SEMAINE SOLEIL

SURFER

```
W  P  M  L  S  A  K  V  T  L  C  T  I  W  F
T  K  O  N  Q  R  B  O  F  A  T  S  Z  B  F
V  H  Z  B  H  U  I  P  D  O  C  F  R  G  I
S  U  V  O  I  T  U  R  E  H  K  Z  Z  W  F
U  Z  A  N  G  N  M  O  U  C  H  O  I  R  R
A  J  C  B  H  H  M  F  J  V  L  G  R  E  T
L  P  A  O  G  M  S  O  W  X  N  G  U  L  M
G  L  N  N  A  V  A  N  C  E  R  N  X  S  O
L  V  C  J  M  J  T  D  R  A  C  C  H  U  J
T  T  E  M  P  S  U  U  J  U  H  D  S  G  D
Z  M  S  O  E  E  R  X  D  E  A  T  B  X  W
V  E  H  S  K  P  N  O  M  Y  S  J  E  E  K
L  C  T  A  X  T  E  D  S  T  E  G  R  Z  N
C  G  T  X  I  Q  Z  R  U  N  N  I  X  Q  Y
X  U  Z  K  W  K  A  F  F  D  B  U  S  I  C
```

AVANCER	BONBON	EAU
MOUCHOIR	PROFOND	SATURNE
SEPT	TEMPS	VACANCE
VOITURE		

A N F O A S Y T U P G B W R D
E B Y L P O C W B K E T H U B
V M H K A I B E M V F T W T K
E V M G N T G M O K F B U R J
I J M S T A A Z N M O L S U F
O P U Z A C G Y T Z K M S M G
Q S C E L E N C R E H Q N I V
B A L L O N E L E N B D W O G
E U U C N T R Y I C O M C Z Y
M V M C E R C E A U S C E R F
T E I M P E R S O N N E K A C
F R È X L R J O Q H S I L W Q
U M R Q I P B X A A B C T W E
R W E E A I O G D M Q N J C Q
Q C S R B R D A Q I U Z D S I

BALLON   CERCEAU CERF   ENCRE
ENTRER   GAGNER   LUMIÈRE
MONTRE   PANTALON   PERSONNE
SAUVER

I	C	H	L	S	A	I	J	N	G	P	Q	Z	O	F
T	H	Y	K	H	H	Z	A	J	I	R	E	H	T	Q
J	F	A	F	Y	G	B	Z	M	F	M	E	T	P	F
A	A	N	X	I	A	V	Z	O	Q	S	P	V	A	T
Y	K	G	M	H	M	A	R	C	H	É	W	N	I	P
I	B	A	C	S	O	U	R	I	S	B	J	Y	X	W
V	O	L	C	A	N	V	G	K	B	I	B	T	X	I
U	N	F	O	O	T	B	A	L	L	K	M	E	X	N
B	O	U	D	E	R	U	R	Q	R	B	T	X	E	X
G	U	C	B	D	E	V	A	L	I	S	E	E	W	Z
G	S	V	C	C	R	M	G	Q	M	E	A	I	D	H
Y	C	O	N	S	O	L	E	F	C	A	U	V	X	L
S	G	N	F	Y	G	P	V	Q	N	J	I	A	L	O
O	K	O	G	R	V	D	Y	G	U	R	Y	Q	Y	O
X	C	M	Y	V	W	I	B	C	O	W	E	G	S	B

BOUDER	CONSOLE	FOOTBALL
GARAGE	MARCHÉ	MONTRER
NOUS	SOURIS	VALISE
VOLCAN		

Puzzle #12

```
R  S  Q  V  M  U  R  S  C  O  J  Q  K  Q  H
C  C  O  N  T  S  S  K  J  F  W  K  Q  P  X
B  T  E  K  C  O  L  È  R  E  M  U  Y  S  S
C  A  M  I  O  N  M  U  R  P  T  F  H  R  A
A  B  A  I  L  E  I  B  H  R  A  R  T  P  Z
S  L  R  P  O  L  I  C  E  H  N  V  O  T  Y
I  E  S  I  R  É  U  S  S  I  R  O  U  J  W
E  G  G  J  I  X  G  W  R  G  Y  L  E  M  C
R  H  B  W  A  J  W  A  P  W  X  F  W  V  Q
B  J  O  N  G  L  E  U  R  E  Y  T  C  K  P
M  Y  C  H  E  M  I  S  E  I  Q  W  R  H  I
D  P  V  O  J  U  F  C  B  C  D  O  G  A  O
J  Y  L  X  A  C  R  K  N  J  Q  R  Z  E  D
U  R  W  I  B  Y  Y  W  F  Y  Y  S  N  Z  H
F  J  L  D  J  V  Z  B  K  B  F  Q  Q  H  L
```

CAMION	CASIER	CHEMISE
COLÈRE	COLORIAGE	JONGLEUR
MARS	POLICE	RÉUSSIR
TABLE		

```
U  N  D  T  V  T  Y  E  W  D  J  K  J  O  J
J  V  H  E  T  C  I  J  Z  X  H  L  B  G  Y
N  W  M  F  L  D  B  Y  T  F  I  S  W  Q  K
Y  P  D  U  R  O  C  J  I  L  J  N  Q  F  B
P  L  Y  E  U  O  V  L  G  B  H  T  Q  C  X
Y  T  J  K  H  B  O  N  T  Z  K  I  W  J  J
P  R  R  Y  K  D  E  P  D  Q  V  X  B  S  V
A  I  V  B  O  P  Q  Y  M  S  I  N  G  E  C
E  J  K  R  D  T  Z  U  H  O  T  L  I  R  E
E  W  W  E  E  T  Q  R  V  E  R  R  E  V  E
J  L  Q  M  O  N  T  A  G  N  E  T  M  I  I
U  H  I  P  B  I  I  R  E  S  P  A  C  E  D
B  G  P  S  F  K  Q  E  T  Z  P  O  S  T  E
T  J  H  N  P  L  C  S  O  M  P  O  R  T  E
N  K  T  I  C  U  Q  Y  C  O  U  D  R  E  T
```

COUDRE	ESPACE	LIRE
MONTAGNE	PORTE	POSTE
SERVIETTE	SINGE	VERRE
VITRE		

```
H  B  J  P  O  Y  I  T  I  A  G  S  L  O  Y
T  B  I  X  O  P  A  W  U  Z  I  N  Y  H  H
H  C  E  L  A  L  Z  L  J  R  K  F  B  L  P
W  Y  T  Y  F  R  P  R  É  S  I  D  E  N  T
W  R  Y  D  I  R  X  D  G  T  B  Y  N  P  C
R  D  Z  V  D  H  R  P  C  Y  F  F  U  H  B
S  T  L  U  W  E  Q  G  V  L  F  O  R  Ê  T
J  L  C  E  B  N  O  C  H  O  M  M  E  I  U
Q  O  K  Z  P  O  M  X  G  U  G  É  G  A  L
V  U  C  W  Z  A  A  G  N  R  F  D  A  É  I
W  M  O  H  O  U  J  J  G  S  I  F  R  C  B
J  A  O  C  P  C  I  M  C  H  M  A  D  O  K
O  O  L  E  O  S  D  B  O  U  G  I  E  L  O
M  C  S  R  F  J  H  F  E  N  Ê  T  R  E  O
X  G  V  U  Z  X  F  R  E  Y  F  C  H  F  Y
```

BOUGIE	ÉCOLE	ÉGAL
FENÊTRE	FORÊT	HOMME
OURS	PRÉSIDENT	REGARDER
STYLO		

I E P K K L H P M L K F N S W
K G E F X Q I J M C R X T T M
U W Q Y E L H B R S K F Z E R
L E Z Q Z N X C G J E R J P U
Y J Y U N T H A E W R F S X W
I Y T U R W U S B F C V L L F
L T V W C X X Q Z L H B B L E
I N F K K G O U R D E B A T U
K A Y R L U L E O T M E I H B
Y W W H R H G E A A I F G É R
P K P L F G T N J A N X N Â F
T V S C M H D F S V É L O T H
E T S X I P L A N T E T I R Q
D S B P A R O N G C A D R E I
Q N L P V I E T S E R P E N T

BAIGNOIRE **CADRE** **CASQUE**
CHEMINÉE **ENFANT** **GOURDE**
PLANTE **SERPENT** **THÉÂTRE**
VÉLO

```
V A G L Y J Q G C O M M E N T
K M O Q O Y W P O I N T M X R
A X J Y S G V X P L L A M P E
D M R M N N Y C A N A P É V X
B X L U H J F R I G O X C J O
W G Q Z L A M A N G E R A U V
E D N G H W W L F N C K N S E
Y B X O K G O T M Q D L I O N
K M P H Y H X H B A O D C M M
L K K Z A V Z V W U O Y I U N
E D Z Q W K J F V I V R E Y V
Y S T Q M L N G K A N G N B M
B E M T H Z N T B G A L D X I
R H P M J W T X W E G J M K P
D M B U O D D R T V P L X P J
```

CANAPÉ   COMMENT   COPAIN

FRIGO   LAMPE   LION

MANGER   MÉCANICIEN   POINT

VIVRE

J	T	y	S	S	U	D	G	J	M	V	J	V	E	H
K	B	B	P	M	R	J	L	Q	É	E	T	L	W	H
O	X	E	H	F	H	A	B	I	T	M	O	Q	y	D
A	A	G	E	A	B	R	U	O	É	S	C	M	I	K
F	U	O	S	X	V	D	I	L	O	U	P	O	Q	F
K	B	R	J	M	S	I	C	I	C	H	A	T	B	L
Q	V	I	K	y	D	N	A	T	y	W	P	O	F	Q
Q	G	A	I	B	R	D	R	I	D	E	A	U	F	B
K	F	A	O	S	P	F	y	V	W	H	I	P	G	V
A	F	I	I	X	R	R	W	P	I	S	N	I	G	B
W	J	P	V	A	W	E	C	J	G	Z	B	I	I	K
D	U	J	Z	L	R	C	T	B	U	P	T	D	N	H
B	L	R	A	M	G	L	X	U	K	N	L	W	O	E
B	A	H	W	M	W	U	F	S	U	y	y	M	R	V
S	H	L	E	P	I	G	J	F	I	D	B	y	R	G

CAR CHAT HABIT

JARDIN LIT LOUP

MÉTÉO MOTO PAPA

RIDEAU

Puzzle #18

Y W V O F U B S V Q M X Q I J
A O B C L L V E M B F D F A M
L W I J A A I K T Y Z X Q A T
Z Y T J J O H R A E T W F L U
F L J Q U R S U I E B N F É N
C Q U Q R D P J P U D S G Z N
Z Y G F G A Q B C H Â T E A U
H Z W H B F W T H E W O N R I
L R D B H W V A I D E R T D T
S T R L Z B H S E S J V I L U
C W F I V R B S N G R I L L E
W O O M U Y Q E N K Z L M A B
K R T F L M V S I B C L Z N H
D B T K J U I N V I T E R A B
L M Y P G Q K C C J G H F P X

AIDER   CHÂTEAU   CHIEN
GENTIL   GRILLE   INVITER
LÉZARD   NUIT   TASSE
VILLE

46

E O I L D T T B U F K Q G B W
Y Q M L G J O H A A I B G O R
K D J H F K A L I Q E Z G U H
B T X J F B P T A L D J Z L R
Y O G T S X G Y R E S J S A F
E E W X V Z N I I L Q O F N M
Q V F H M H Q S M F V U T G O
M Z M Z S F P C A P P E L E R
Y O D C L K X N M E I T I R C
U M T L R E E A A I S N V I E
F G Y M Q J Q G N N C R R E A
N N R L V U Y S R D I Q E H U
S J X X P A P I E R N U I P F
B G V C G P L A G E E W X G R
S R D D E V O W C L M W O I A

APPELER   BOULANGERIE   JOUET
LIVRE   MAMAN   MORCEAU
PAPIER   PEINDRE   PISCINE
PLAGE

```
B R F A Q Z C Q H Y H Z L Q W
O G K S Y R Y J F R Q E E T D
G U Q C P C J X F R W C V N S
Y U P W Y N F U I Z Y E G A K
D R V T N F U B A Y H F Y T E
J Q G K C R R G E V M H X A Q
G O H S Z E G P J Q D D I T S
I B D K C M P L J D G R A I N
D H R Z T O R D Q K N A M O H
F E E B J G P R L X M P P N K
C T L A Y J J W D W B X O B Q
Y H X L P A S T R O N A U T E
U V X C O U P E R U H C L T Z
O A V O P N N C H A R G E U R
E F Q N V E R T Q J Q P I U H
```

AMPOULE	ASTRONAUTE	BALCON
CHARGEUR	COUPER	DRAP
GRAIN	JAUNE	NATATION
VERT		

Écriture

La

voiture

est

rouge

Dessins

Labyrinthes

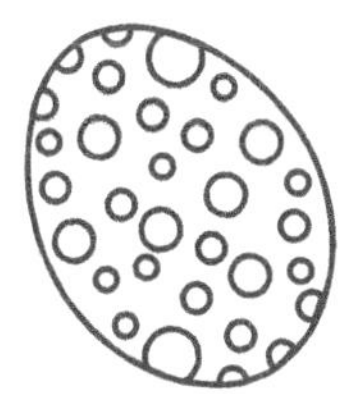

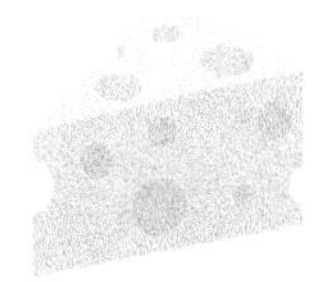

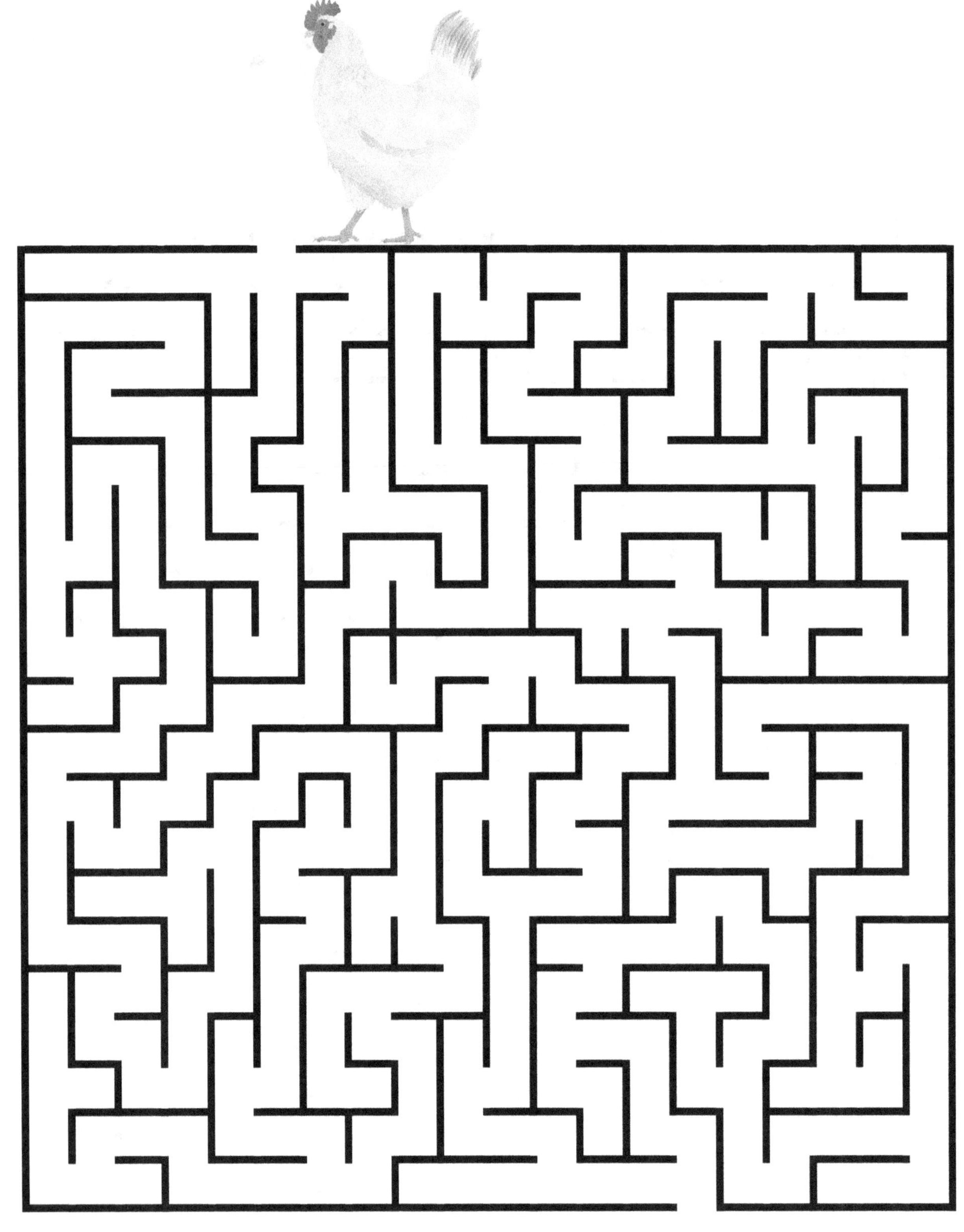

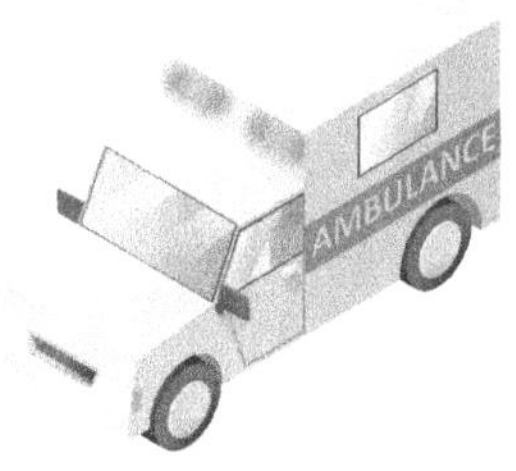

AMBULANCE

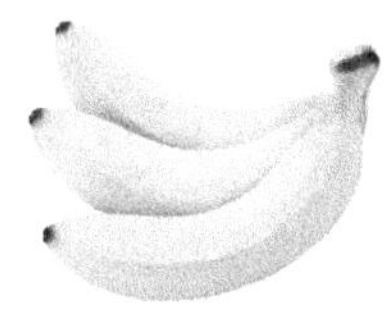

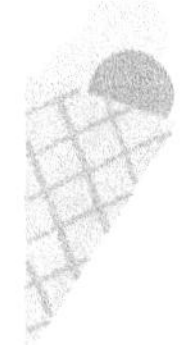

Coloriages

Solutions

Puzzle 1

7	1	6	9	8	4	2	3	5
5	9	4	3	7	2	6	1	8
2	3	8	5	6	1	4	7	9
8	4	9	6	5	7	3	2	1
6	5	2	8	1	3	9	4	7
1	7	3	4	2	9	5	8	6
3	2	1	7	9	6	8	5	4
4	6	5	1	3	8	7	9	2
9	8	7	2	4	5	1	6	3

Puzzle 2

4	5	7	9	1	3	2	8	6
8	3	9	6	7	2	5	1	4
6	2	1	4	8	5	7	3	9
3	4	5	7	6	9	1	2	8
1	8	6	2	3	4	9	7	5
7	9	2	8	5	1	6	4	3
9	7	4	5	2	8	3	6	1
2	1	8	3	9	6	4	5	7
5	6	3	1	4	7	8	9	2

Puzzle 3

6	5	7	4	2	1	8	3	9
2	8	3	9	5	6	7	4	1
9	1	4	8	7	3	2	5	6
4	7	5	2	9	8	1	6	3
3	2	9	1	6	5	4	8	7
1	6	8	7	3	4	9	2	5
7	9	6	3	8	2	5	1	4
8	3	1	5	4	7	6	9	2
5	4	2	6	1	9	3	7	8

Puzzle 4

4	5	7	9	2	8	1	6	3
1	8	9	4	3	6	2	5	7
2	6	3	7	5	1	4	9	8
6	9	8	2	1	7	3	4	5
5	2	4	3	8	9	7	1	6
3	7	1	6	4	5	8	2	9
7	4	5	8	9	2	6	3	1
9	3	6	1	7	4	5	8	2
8	1	2	5	6	3	9	7	4

Puzzle 5

4	1	2	9	6	5	7	3	8
6	3	9	8	7	4	1	5	2
7	8	5	2	1	3	9	6	4
2	5	1	6	3	9	4	8	7
8	9	7	5	4	1	6	2	3
3	6	4	7	2	8	5	1	9
5	7	8	3	9	6	2	4	1
9	4	3	1	5	2	8	7	6
1	2	6	4	8	7	3	9	5

Puzzle 6

2	9	4	5	3	1	7	8	6
6	5	8	4	7	2	9	3	1
7	1	3	6	8	9	4	2	5
4	2	5	9	6	7	8	1	3
8	6	7	1	4	3	5	9	2
9	3	1	8	2	5	6	7	4
1	7	6	3	5	8	2	4	9
5	8	9	2	1	4	3	6	7
3	4	2	7	9	6	1	5	8

Puzzle 7

4	5	1	6	8	3	7	9	2
3	6	7	9	1	2	5	8	4
9	8	2	4	7	5	1	6	3
5	9	4	8	3	7	6	2	1
6	2	8	1	5	9	3	4	7
1	7	3	2	4	6	9	5	8
8	4	5	3	6	1	2	7	9
7	3	9	5	2	4	8	1	6
2	1	6	7	9	8	4	3	5

Puzzle 8

7	1	3	4	6	9	2	5	8
6	8	2	7	5	1	4	3	9
4	5	9	8	3	2	6	7	1
3	2	8	5	4	7	1	9	6
9	4	7	1	8	6	3	2	5
1	6	5	9	2	3	8	4	7
8	3	1	2	7	5	9	6	4
2	7	4	6	9	8	5	1	3
5	9	6	3	1	4	7	8	2

Puzzle 9

2	1	4	3	8	6	5	7	9
9	7	5	4	1	2	3	6	8
3	6	8	5	7	9	2	4	1
4	9	2	1	5	8	7	3	6
6	8	3	2	9	7	1	5	4
7	5	1	6	3	4	9	8	2
1	2	7	8	6	3	4	9	5
5	3	6	9	4	1	8	2	7
8	4	9	7	2	5	6	1	3

Puzzle 10

8	2	6	1	5	9	7	3	4
3	5	7	4	2	8	1	9	6
4	9	1	6	3	7	5	8	2
1	3	8	7	4	6	2	5	9
6	4	5	3	9	2	8	1	7
9	7	2	5	8	1	6	4	3
2	8	4	9	6	5	3	7	1
5	1	3	2	7	4	9	6	8
7	6	9	8	1	3	4	2	5

Puzzle 11

4	7	9	3	5	8	1	2	6
5	2	1	4	9	6	7	8	3
6	8	3	2	7	1	9	5	4
8	4	2	9	3	5	6	7	1
3	9	6	7	1	2	8	4	5
1	5	7	8	6	4	2	3	9
2	3	5	1	8	9	4	6	7
9	6	4	5	2	7	3	1	8
7	1	8	6	4	3	5	9	2

Puzzle 12

8	6	2	4	3	7	9	1	5
3	7	1	8	5	9	2	6	4
5	9	4	6	2	1	7	3	8
9	4	5	1	8	3	6	7	2
2	3	6	5	7	4	1	8	9
1	8	7	9	6	2	5	4	3
6	2	8	7	4	5	3	9	1
7	5	9	3	1	8	4	2	6
4	1	3	2	9	6	8	5	7

Puzzle 13

8	6	5	7	3	4	2	9	1
1	7	9	6	8	2	5	3	4
2	4	3	5	9	1	6	7	8
4	9	6	8	2	7	3	1	5
5	1	7	9	6	3	4	8	2
3	8	2	1	4	5	9	6	7
7	2	4	3	1	9	8	5	6
6	3	1	2	5	8	7	4	9
9	5	8	4	7	6	1	2	3

Puzzle 14

1	5	6	3	9	8	4	2	7
2	8	4	1	7	5	6	3	9
9	3	7	6	4	2	1	5	8
3	2	9	8	1	6	5	7	4
7	4	1	9	5	3	2	8	6
5	6	8	4	2	7	9	1	3
6	7	2	5	8	4	3	9	1
8	9	3	2	6	1	7	4	5
4	1	5	7	3	9	8	6	2

Puzzle 15

1	5	6	2	9	8	3	4	7
2	9	7	3	5	4	6	8	1
4	8	3	6	7	1	9	5	2
5	7	9	4	3	6	1	2	8
6	2	8	7	1	5	4	3	9
3	1	4	8	2	9	5	7	6
9	4	5	1	8	2	7	6	3
8	3	1	5	6	7	2	9	4
7	6	2	9	4	3	8	1	5

Puzzle 16

3	7	4	1	6	2	9	5	8
5	2	1	7	8	9	3	4	6
6	8	9	3	4	5	7	1	2
7	5	8	9	3	6	1	2	4
9	4	3	2	5	1	8	6	7
2	1	6	8	7	4	5	9	3
8	9	5	6	2	7	4	3	1
1	3	2	4	9	8	6	7	5
4	6	7	5	1	3	2	8	9

Puzzle 17

9	2	3	6	8	5	4	7	1
7	6	5	1	3	4	8	2	9
1	4	8	9	7	2	6	3	5
2	3	4	8	9	7	5	1	6
8	9	6	5	1	3	2	4	7
5	1	7	4	2	6	9	8	3
4	5	2	7	6	1	3	9	8
6	8	1	3	4	9	7	5	2
3	7	9	2	5	8	1	6	4

Puzzle 18

7	5	9	2	3	8	4	1	6
8	3	6	1	4	7	2	5	9
2	1	4	9	5	6	7	8	3
9	4	8	6	1	2	5	3	7
3	7	5	8	9	4	1	6	2
6	2	1	5	7	3	9	4	8
4	6	7	3	2	5	8	9	1
1	8	2	4	6	9	3	7	5
5	9	3	7	8	1	6	2	4

Puzzle 19

1	8	2	4	9	6	5	7	3
3	9	4	5	7	1	2	6	8
5	7	6	8	3	2	9	4	1
8	1	9	6	4	7	3	5	2
4	3	5	9	2	8	7	1	6
6	2	7	1	5	3	8	9	4
2	6	3	7	1	9	4	8	5
9	5	1	3	8	4	6	2	7
7	4	8	2	6	5	1	3	9

Puzzle 20

4	6	5	1	3	8	2	7	9
9	8	3	6	7	2	4	5	1
2	1	7	5	9	4	8	3	6
3	5	1	4	6	7	9	8	2
6	2	4	9	8	3	5	1	7
7	9	8	2	1	5	6	4	3
5	4	6	3	2	1	7	9	8
1	7	9	8	4	6	3	2	5
8	3	2	7	5	9	1	6	4

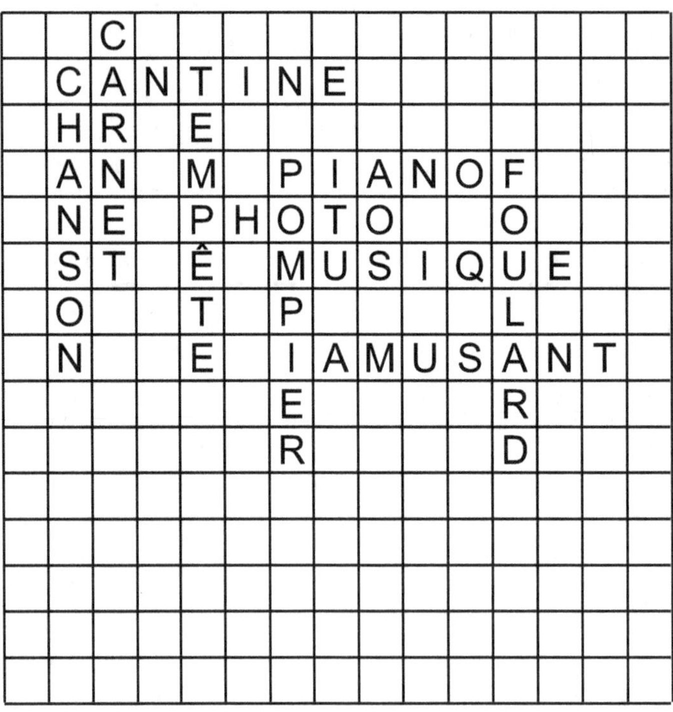

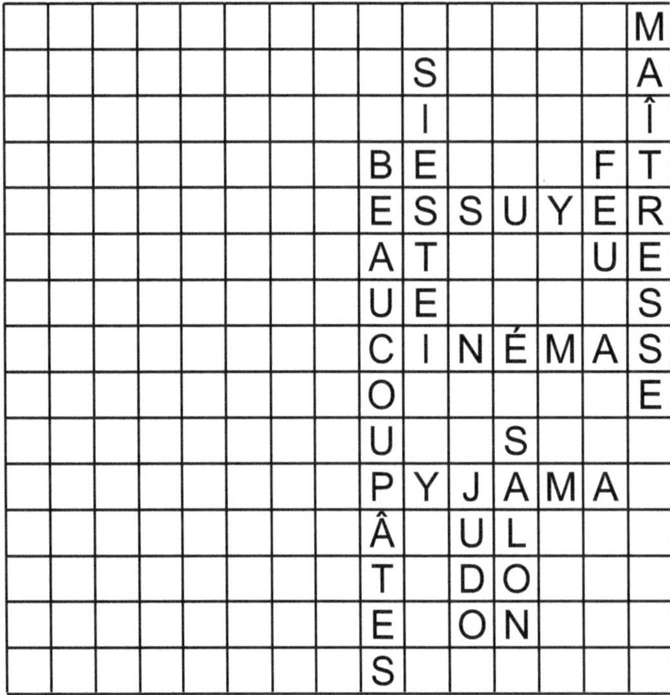

Puzzle #3

Puzzle #4

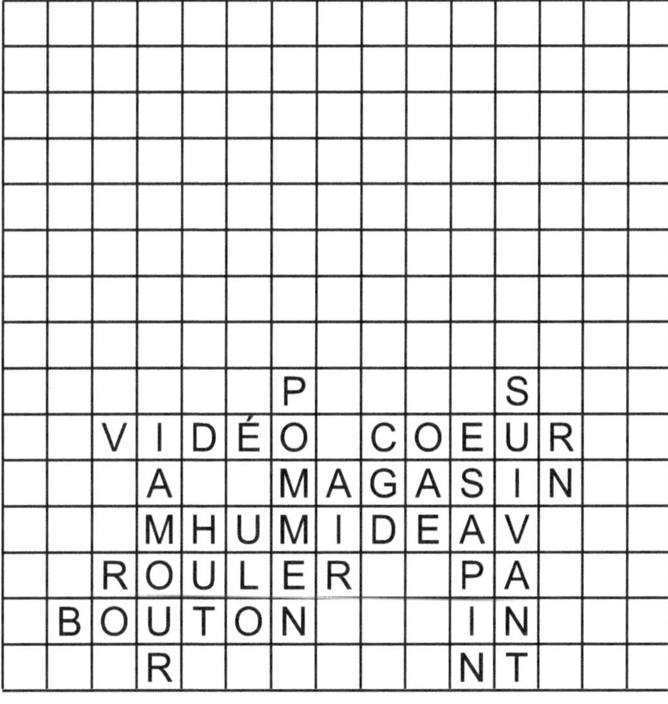

123

Puzzle #5

Puzzle #6

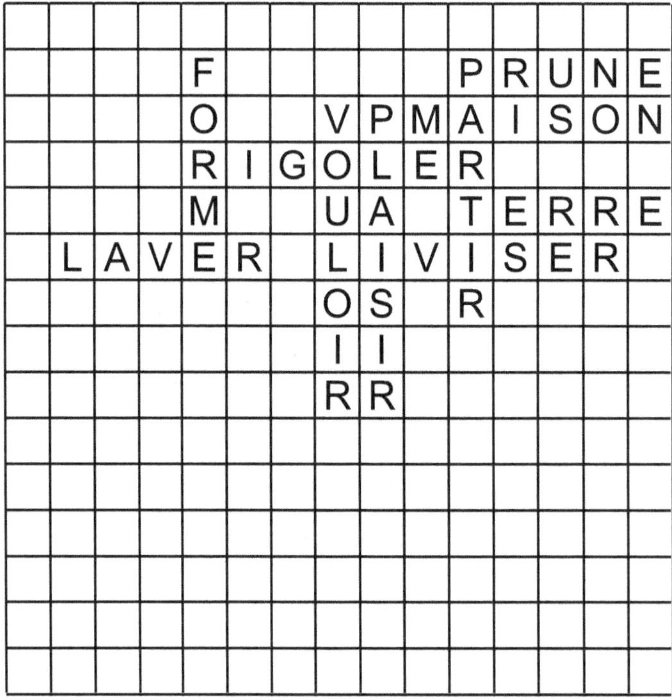

124

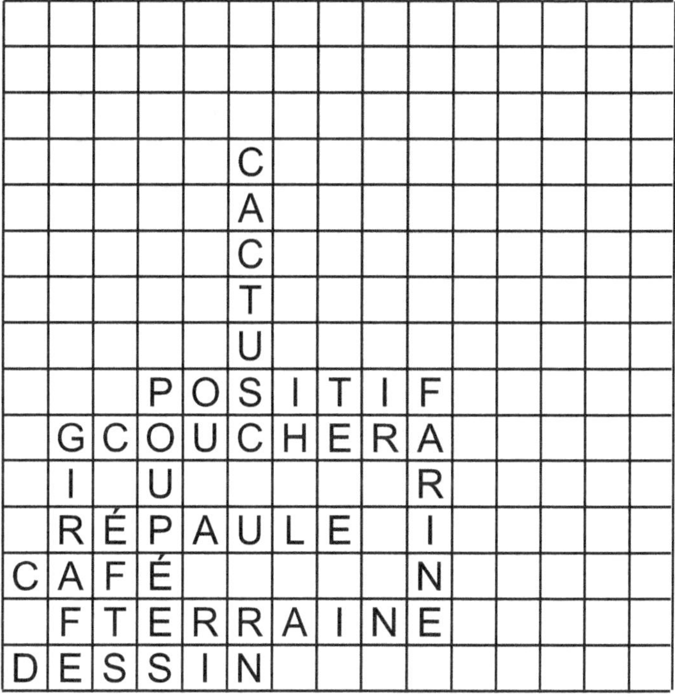

Puzzle #9

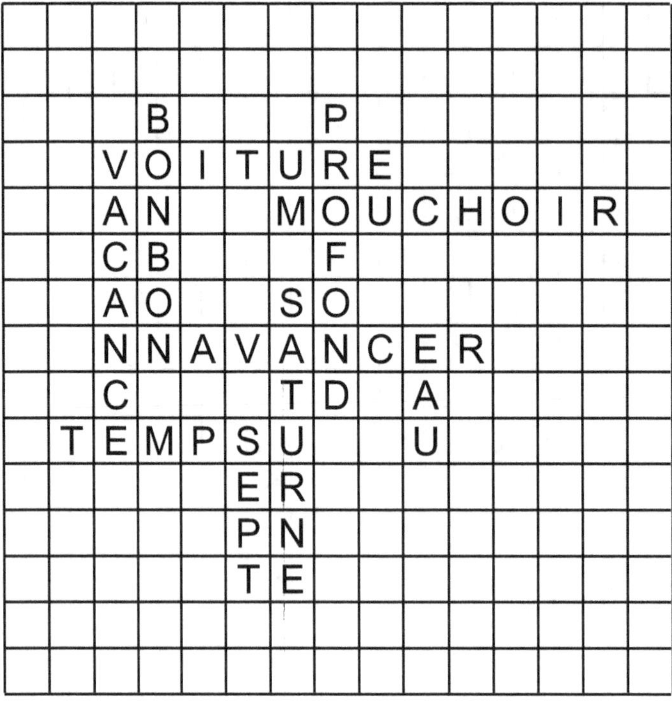

Puzzle #10

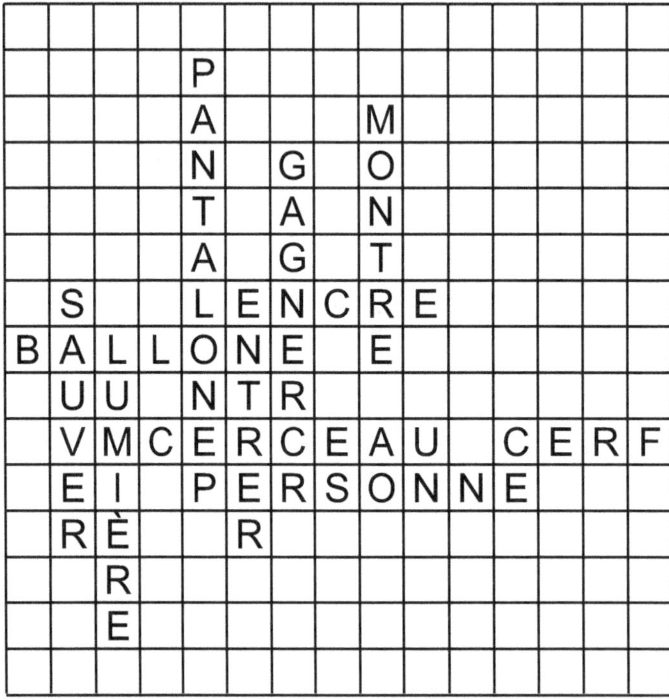

Puzzle #11

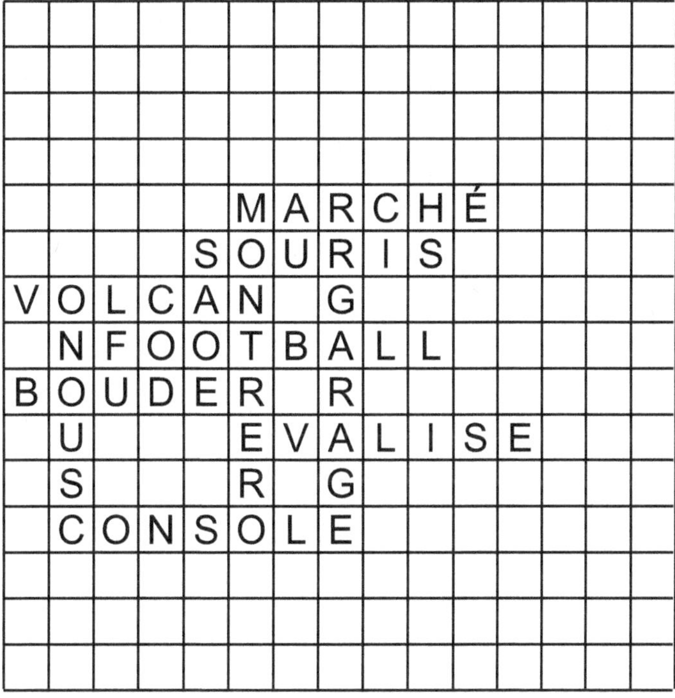

Puzzle #12

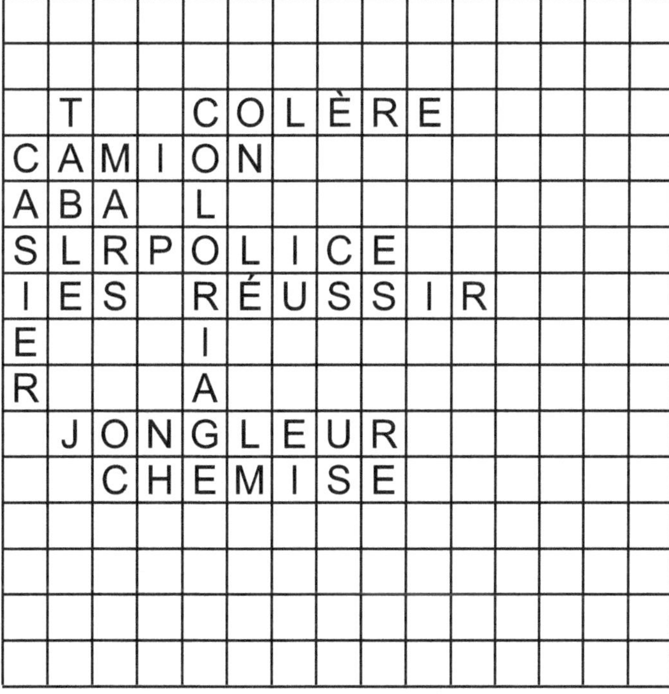

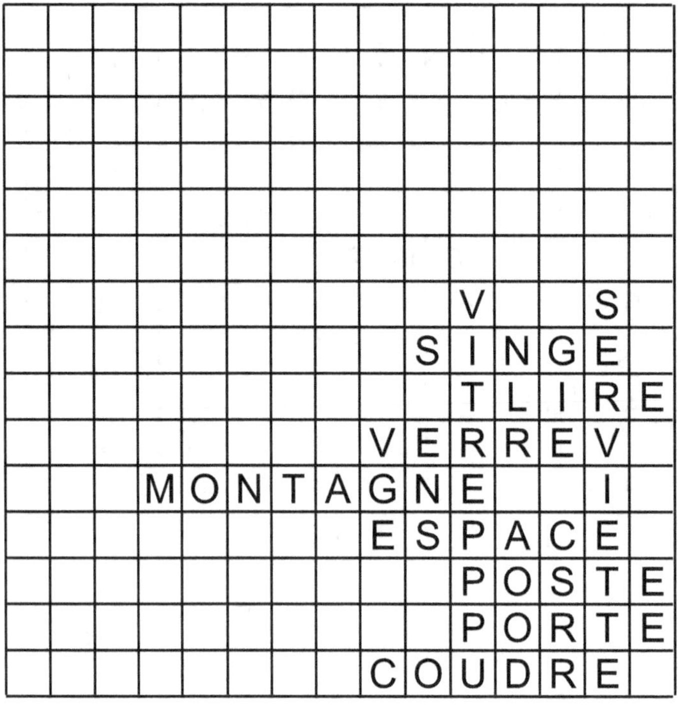

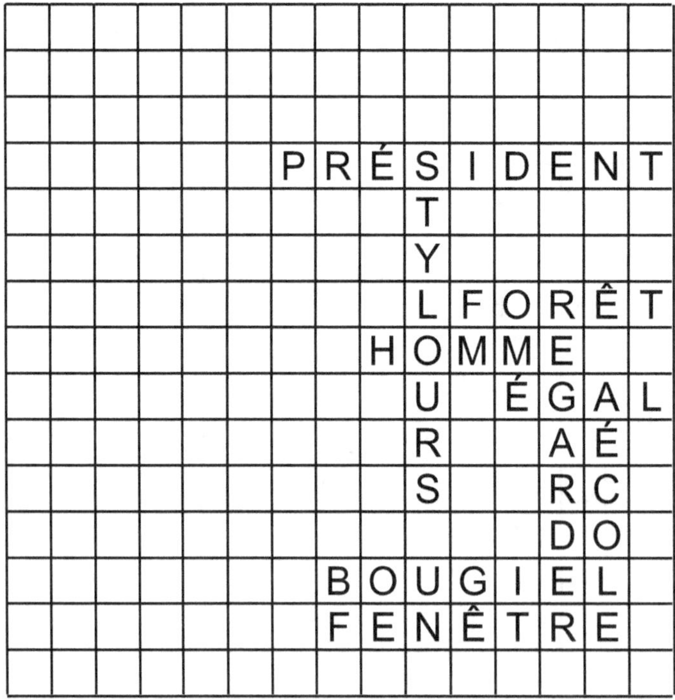

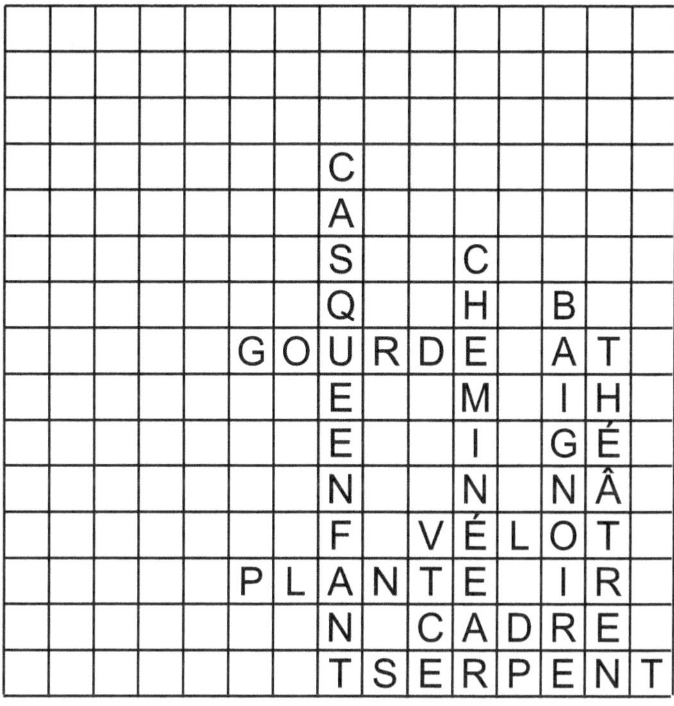

C
A
S
Q
GOURDE CHEMIN B A T
U E BAIGNOIRE
E N
F VÉLO T
PLANTE IR
N CADRE E
T SERPENT

COMMENT
POINT
PAL LAMPE E
CANAPÉ
FRIGO C
MANGERA A
N
LION
C
I
VIVRE E
N

Puzzle #17

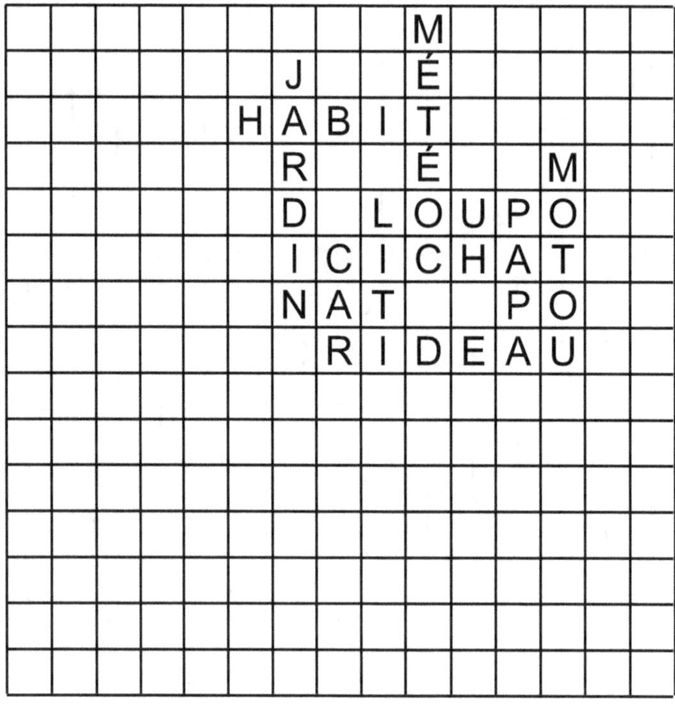

Puzzle #18

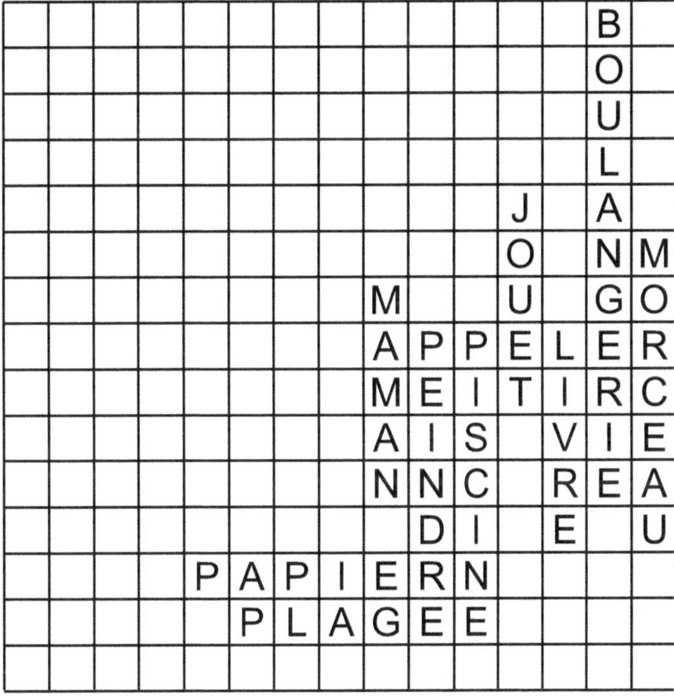

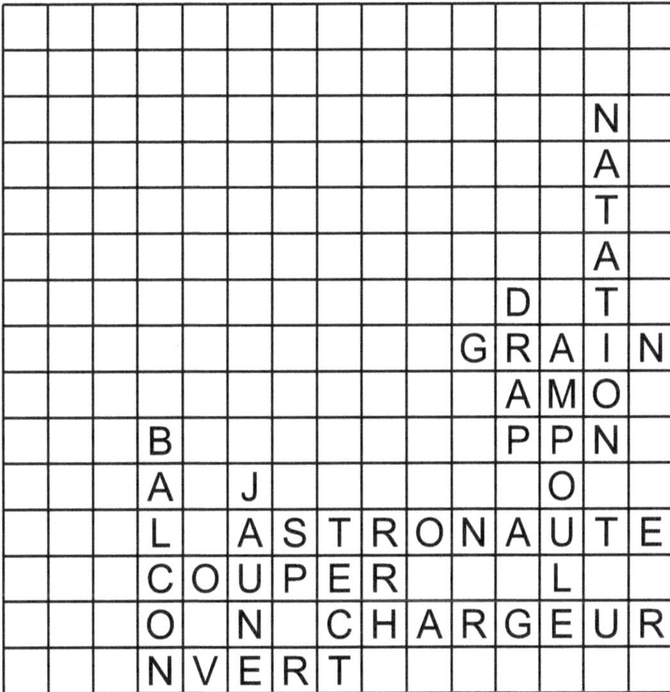